Bains de Mer et Préfets

par

R. LAJOYE

Durand et Pedone Lauriel,
Éditeurs 13 Rue Soufflot
E. Pedone · Lauriel, Successeur

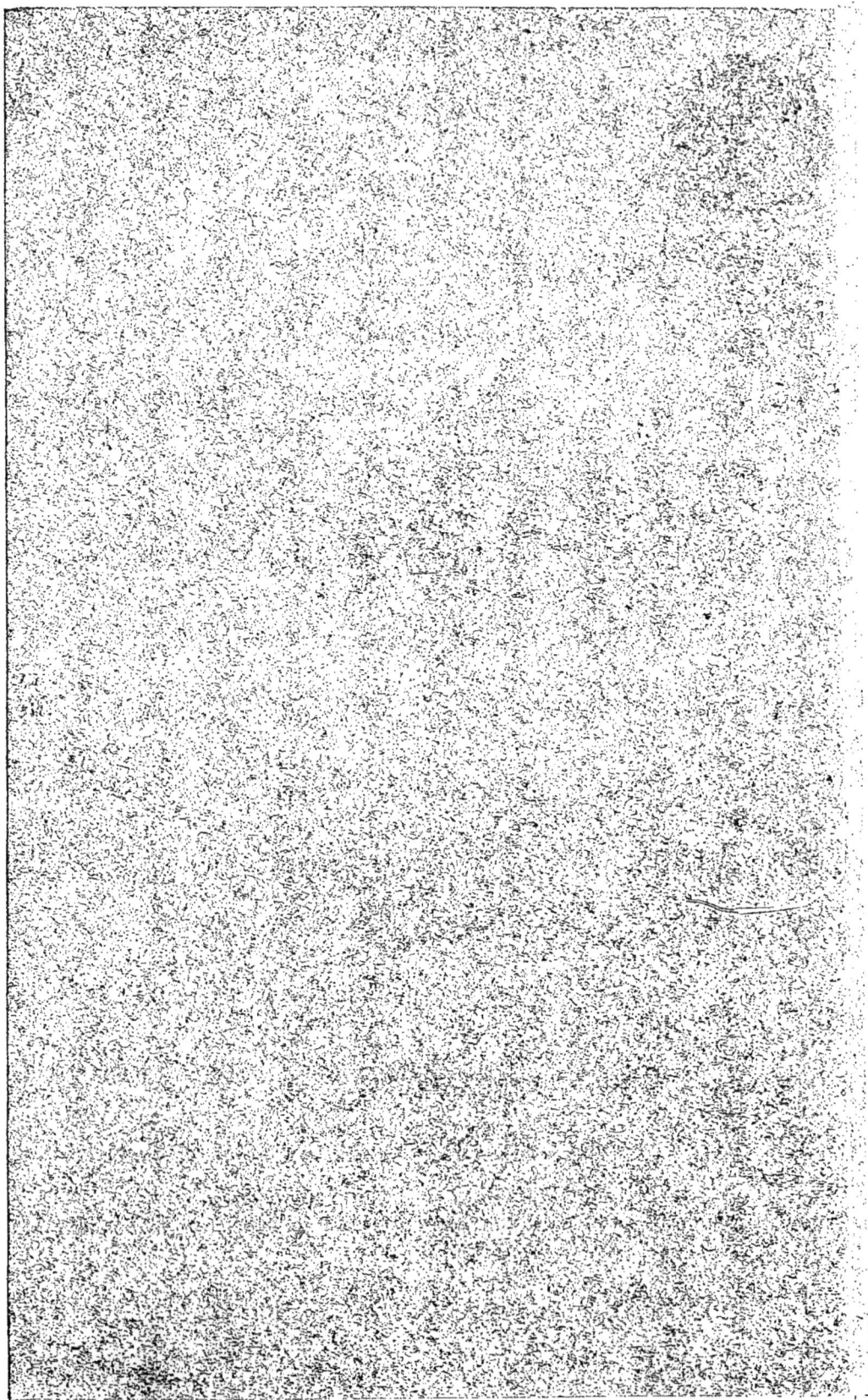

BAINS DE MER

ET

PRÉFETS

DU MÊME AUTEUR :

Fontainebleau. — M. E. Bourges imp. breveté.

BAINS DE MER

ET

PRÉFETS

PAR

Raoul LAJOYE

AVOCAT A LA COUR D'APPEL

———◆———

PARIS

A. DURAND et PEDONE-LAURIEL, Editeurs

LIBRAIRES DE LA COUR D'APPEL ET DE L'ORDRE DES AVOCATS

G. PEDONE-LAURIEL, Successeur

13, rue Soufflot, 13.

—

1888

BAINS DE MER

ET

PRÉFETS

Voici ma plume toute confuse et très embarrassée.

Il lui faut devenir mondaine et quitter les phrases doctrinales pour discourir devant un public qui veut bien être distrait par quelque lecture gaie, mais aurait horreur d'un sermon en langue juridique, sentiment fort excusable.

Mais comment résister aux sollicitations de cet excellent officier municipal qui me supplie de plaider pour sa commune, attaquée dans ses intérêts les plus chers; le temps passe si agréablement, dans ce petit coin de la Normandie, qu'il est juste de prouver notre reconnaissance en défendant nos hôtes, lorsque surtout il s'agit de protéger les stations balnéaires, menacées d'une véritable révolution.

La question, qui trouble monsieur le maire et pousse mon *style* à se tremper fiévreusement dans l'encrier mérite un moment d'attention, puisque ce sont les bains de mer qui sont en cause : la saison des vacances n'est pas si éloignée que déjà les collégiens n'effacent religieusement sur l'almanach tous les jours qui les séparent du temps de la liberté.

Elle approche en effet, l'heure choisie par le Parisien fatigué, pour fuir sans remords loin des salons, loin de son cher boulevard; déjà le choix est fait et, cette année, Madame a dé-

claré qu'elle s'éloignerait loin, bien loin de
Paris, pour ôter à son mari toute idée de faire
la navette avec la Capitale.

Monsieur a prétexté la nécessité des affaires
et Madame lui a ri au nez; ce qui est une
réponse sans réplique chez la femme.

Enfin, Bébé, qui commence à grandir, veut
du nouveau, et les rivages de la Manche lui
sont devenus trop familiers.

Il faut donc se résigner, et il a été décidé
que le golfe de Gascogne serait honoré d'un
tour de faveur.

Et puis, Monsieur, pendant la dernière saison de mer a eu des déboires, que dis-je? des
procès! avec les adjudicataires des bains de
mer, aux environs de Trouville, et il espère
qu'en s'éloignant des plages trop voisines de
la Capitale, il trouvera la rage de la spécula-

tion moins développée... même chez les préfets !

— Chez les préfets ! s'écrie le lecteur étonné, chez les préfets? Arrêtez, monsieur l'écrivain, votre plume écrit tout de travers...

— Non, cher Monsieur, ma plume, malgré son affolement, n'a pas encore la berlue, mais, contrairement à ses habitudes, elle devient méchante, non sans raison.

Du reste, soyez juge de la question. Une fois au courant de la situation, vous serez le premier à frémir et à reconnaître que l'amateur de bains de mer peut réfléchir avant de choisir tel ou tel pays pour planter son parasol.

— Bon, ripostez-vous, voilà maintenant le parasol en avant !

— C'est précisément, cher lecteur, le *clou* de la question que ce parasol, et, de grâce, ne vous arrachez pas les cheveux (ils ne repoussent pas), en me voyant ainsi divaguer. D'autant plus que je ne divague pas.

Ce parasol qui abritait la nourrice de Bébé et qui, bientôt protégera la maman contre les ardeurs du soleil pendant que Bébé, devenu grand ingénieur, construira des forteresses de sable, ce parasol, avec ses raies rouges et blanches, est le cauchemar des adjudicataires de messieurs les préfets.

... Vous devenez rêveur et vous ne comprenez pas!

Un peu de patience et la lumière va se faire, éblouissante comme le soleil sortant du fond de la mer.

Oyez et profitez.

Un beau matin, il y a quelques années, le

potentat de l'un de nos départements maritimes, se réveillait, sans doute de fort mauvaise humeur, car sa première pensée fut de faire quelque niche à ses administrés.

C'est la consolation des administrateurs quand le ménage est en querelle ou bien quand le ministre n'est pas satisfait de son subordonné.

Or, ce matin là, un nuage avait obscurci l'horizon, car les sonnettes mirent bientôt sur pied tout le personnel de l'hôtel, et monsieur le secrétaire général fut arraché sans pitié aux douceurs d'un sommeil réparateur qui lui faisait oublier sa dernière équipée à Paris.

Le dialogue suivant s'établit entre les deux hauts personnages, également contrariés.

« — Vous m'avez dit, monsieur le secrétaire général, que la loi sur le budget de 1873 nous

offrait des facilités inespérées pour tourmenter
nos administrés et plonger les municipalités de
nos stations balnéaires dans le désespoir le
plus profond?

— J'ai de nouveau étudié cette loi, monsieur
le préfet, et je suis heureux de vous confirmer
cette nouvelle, à savoir qu'il nous sera permis,
dorénavant, de rédiger les arrêtés les plus
extraordinaires. »

Et les deux augures de rire à gorge dé-
ployée.

— « Voici un projet que j'ai jeté sur le pa-
pier, *currente calamo*...

— De grâce, laissons le latin de côté et
lisons. »

Monsieur le préfet parcourt rapidement le
griffonnage de son fidèle Achate : c'est une
nouvelle explosion de rires.

Votre curiosité est-elle éveillée, cher lecteur? Lisez par-dessus l'épaule de monsieur le préfet : il est tellement occupé, qu'il ne fera pas attention à ce manque de convenance de votre part.

Le *brouillon* du secrétaire général est un projet de cahier de charges pour louer les plages de la mer.

Les articles 4 et 7 une fois connus, vous serez édifiés sur ce plan digne de Machiavel.

« Article 4. — *Objet de la location*. La location comprend :

1° Le droit de placer, pendant la saison des bains, c'est-à-dire depuis le 1er juin jusqu'au 15 octobre, et sur les parties de la plage désignées sur les plans annexés et en vertu de l'autorisation contenue dans l'arrêté de monsieur le préfet du..., des tentes, cabanes, chemins en

planches, mâts et poteaux indicateurs destinés
à l'exploitation des bains de mer à la lame;

2° *Le droit de percevoir les redevances* aux-
quelles donneront lieu les permissions de
dépôt de cabines accordées à des tiers sur les
mêmes parties de la plage et conformément à
l'article 7 qui suit;

3° Le droit de placer des chaises et d'instal-
ler des cabines ou kiosques pour la vente de
la pâtisserie et des journaux. . . . .

. . . .

Article 7. — Tout particulier ou établissement privé aura la faculté de placer sur les
parties de la plage affermée, des cabanes,
tentes ou guérites à l'usage des bains, en tel
nombre qu'il jugera convenable, et sur les
emplacements qui seront désignés par l'adjudicataire, mais à la charge de se conformer

aux règlements de police qui auront été faits par l'autorité compétente, et *payer pour cha-cune à l'adjudicataire* la rétribution détermi-née par ce dernier et qui ne pourra dépasser le maximum fixé ci-après... »

— Je vois que tout cela ne vous dit rien encore.

Les plages de la mer, c'est le domaine pu-blic; le préfet, c'est l'administrateur du do-maine public; en louant le domaine public, le préfet fait acte de bon administrateur : telles sont vos réflexions et vous n'avez pas tort entièrement.

Mais (car il y a un *mais*), vous laissez de côté un personnage qui ne veut pas être oublié : l'adjudicataire.

Il a payé sa location en bonnes espèces sonnantes et trébuchantes; aussi a-t-il la prétention de tirer parti de la chose louée autant que lui permettra l'élasticité des termes du contrat.

Cette élasticité est curieuse et nous explique la gaîté de monsieur le préfet et de son secrétaire général.

Il faut dire, pour aller au fond des choses, que depuis longtemps l'administration était en froid avec la cour de cassation.

En 1869, la cour suprême jetait dans le jardin de la préfecture de Caen un énorme pavé, ce qui avait amené une explosion de rage dans le camp administratif et la loi de 1872 était un moyen de vengeance tout trouvé.

Il y avait de quoi rager, puisque le préfet se trouvait dépossédé d'un droit que lui avait reconnu une autre puissance, le conseil d'État.

— Que de bruit, direz-vous, pour peu de chose.

— Il est vrai qu'à mon avis c'est peu de chose.

— Peu de chose?

— Peu de chose puisque tout à l'heure il s'agissait d'un parasol.

— Le parasol n'est que le petit côté du débat, débat des plus sérieux : c'est quelque chose que de voir le conseil d'État en lutte ouverte avec la cour de cassation !

— Décidément, vous êtes tous les mêmes, messieurs de la Basoche; grâce à votre zèle, la plus légère discussion engendre les plus gros procès.

Laissez-moi planter mon parasol sur la plage et me donnez la paix !

— Mais, c'est précisément ce que vous

défendra l'adjudicataire, cher lecteur. Grâce à
la nouvelle loi, vous perdrez probablement
votre cause si vous plaidez.

— Vous voulez rire?

— Nullement.

— C'est trop fort, et je sens que je vais
sortir de mon caractère!

— Calmez-vous!

— Quelle est donc cette fameuse nouvelle
loi?

— Un tout petit article qui s'est glissé dans
la loi sur le budget de 1873; le voici :

« 20-30 déc. 1872. Loi portant fixation du
budget général des dépenses et des recettes de
l'exercice 1873.

TITRE Iᵉʳ. — BUDGET GÉNÉRAL.

. . . .

2

§ 2. — *Impôts autorisés.*

2. Est autorisée au profit de l'État la perception de redevances à titre d'occupation temporaire ou de location des plages et de toutes autres dépendances du domaine maritime... »

— Il est certain qu'il n'est pas nécessaire d'avoir étudié le droit pour trouver cet article très clair : « Est autorisée au profit de l'État... la location des plages... »

— Je crains de vous contrarier encore, mais je dois vous prévenir, ami lecteur, que pour comprendre l'esprit de cet article, il faut se reporter au rapport présenté en vue de faire passer la loi.

— Je serai patient jusqu'au bout.

— Un passage du rapport me suffira pour

vous montrer le véritable sens de la nouvelle loi.

— J'écoute.

— « ... Jusqu'en 1869, dit le rapporteur
M. Gouin, le Trésor a accordé, moyennant redevance, des permissions individuelles pour
l'établissement de cabanes destinées au service
des bains de mer, *sous la condition expresse de
maintenir le libre accès de la plage et l'exercice
des droits qui s'y rattachent.* A partir de 1869,
un arrêt de la cour de cassation a considéré
ces permissions, réalisées sous la forme d'un
bail, comme la création d'un monopole ou d'un
privilège. L'administration a donc été contrainte
de renoncer à la jouissance de ce qu'elle consi-
dérait comme un droit. Voulez-vous lui resti-
tuer législativement ce droit qu'elle exerçait au
profit du Trésor? Votre commission vous le
demande, aussi bien dans l'intérêt des com-

munes qui affermaient à l'État, que dans l'intérêt de l'État lui-même... » Et la loi est votée.

— Je vois clair! Nous, pauvres baigneurs, nous sommes entre l'enclume et le marteau. Ah! pauvre humanité!...

... Mais, dans toute cette bataille, savez-vous, mon Maître, de quel côté sont les torts?

— Vous me voyez tout effrayé de votre demande.

— Ai-je commis une hérésie?

— Nullement, mais, pour répondre, il faut que j'appelle à la rescousse les auteurs ayant une toute autre autorité que la mienne, des auteurs tels que Proudhon, Gaudry, Troplong, savants jurisconsultes qui ont écrit des volumes entiers sur le *Domaine public*, et j'avoue que j'ai peur de vous mettre en fuite.

— J'aurai du courage, ne serait-ce que pour sauver mon parasol!

— J'admire votre courage, mais soyez rassuré, mes citations seront très courtes.

Et maintenant je réponds à votre question.

A mon avis, la cour de cassation avait tort, tandis que le conseil d'État restait dans la vérité, en disant :

« ... Les portions du Domaine public qui sont susceptibles de revenu doivent être *louées* au profit de l'État pour le produit en être versé au Trésor public..., » à la condition, bien entendu, de réserver les droits des tiers.

La cour de cassation allait donc trop loin en 1869, et c'est avec raison que monsieur le Rapporteur demandait, en 1872, le rétablissement de l'ancien état de choses.

Mais actuellement nous sommes tombés dans un autre écueil : Messieurs les Préfets dépassent la limite réglementaire et font une fausse interprétation de la loi de 1872.

L'article 2, avons-nous vu, permet la location des plages, mais sous les conditions prévues par le rapporteur, c'est-à-dire en maintenant pour le public « le libre accès de la plage et l'exercice des droits qui s'y rattachent ».

Or, les préfets, non seulement ont obligé le public à payer une redevance aux adjudicataires pour tout meuble installé sur la plage, mais ils ont été plus loin encore : les parties de plage louées ne consistent pas dans la section de rivage qui se trouve en face des établissements de bains, c'est la plage tout entière, plusieurs *hectomètres* de plage !

... Vous faites un geste de dénégation ?

... Lisez ces quelques lignes de l'arrêté pris le 23 mars 1873 par le préfet du Calvados.

Quelle est la portion de plage louée à Trouville? 1,500 mètres; à Deauville? 1,680 mètres; à Villers? 1,550 mètres; à Beuzeval? 1,250 mètres; à Cabourg? 1,240 mètres... Il est inutile, je pense, de continuer cette énumération.

— J'en demeure stupide!

— Vous n'êtes pas au bout de vos étonnements!

L'adjudicataire, faisant flèche de tout bois, a, de son côté, interprété le cahier de charges dans la plus large mesure.

C'est ainsi que nous arrivons à l'histoire du parasol.

Un des acteurs les plus sympathiques au public parisien avait installé sur la plage de

Cabourg un bébé et une nourrice, le tout abrité par un parasol planté dans le sable.

Surgit un employé qui réclame une redevance.

Refus catégorique de l'acteur.

Il fallut aller en justice, et, malgré l'éloquence de Saint-Germain plaidant pour lui-même, l'affaire eût été perdue si le juge de paix n'avait pu se retrancher derrière une échappatoire qui ne résisterait pas facilement à de nouvelles attaques; car il suffirait de modifier les termes du cahier de charges : « ... Attendu, disait M. le Juge de paix du XVII⁰ arrondissement, que le cahier de charges n'autorise une perception que pour les tentes, cabines ou guérites à l'usage des bains...;

... Attendu qu'il s'agit d'un parasol à long manche... destiné seulement à garantir des rayons du soleil, et n'ayant jamais servi à l'usage des bains... »

Vous voyez que le magistrat se garde bien de discuter la loi de 1872 et ne juge qu'en fait.

Bien plus, d'autres juges de paix se sont déclarés incompétents...

Ainsi, je le répète, que demain les termes du cahier de charges soient modifiés et l'adjudicataire deviendra le tyran de la plage, tout cela par suite d'une fausse interprétation de la loi.

Je vous ai menacé d'appeler les auteurs à mon aide : écoutez cette seule citation et vous aurez votre conviction faite.

Elle est de *Gaudry* dans son livre sur le Domaine.

« ... L'autorité administrative le détient (le rivage de la mer) non pour en jouir comme d'une propriété utile et productive, mais pour en faire jouir l'universalité des habitants du pays.

» Il appartient à tous, dit M. Troplong, comme la mer dont il fait partie; tous ont le droit de le parcourir pour se promener, se baigner, ramasser des coquillages, débarquer et s'embarquer, faire sécher leurs filets, mettre les barques sur la grève.

. . . .

» Ainsi le principe absolu d'inaliénabilité est nettement posé, et cette loi (Ordon. de 1681) est encore aujourd'hui pleinement en vigueur.

» Il ne faut pas cependant en conclure que l'administration ne puisse pas accorder des permissions compatibles avec les droits du public et les intérêts de la navigation; car l'État a le pouvoir d'administrer le domaine public, dans l'intérêt bien entendu de tous. Mais ces concessions ne créent pas une véritable propriété du sol du rivage; leur existence est subordonnée à l'intérêt général; elles ne doivent jamais être faites qu'à cette condition et d'une manière précaire...

« Les concessions faites sur le rivage de la mer sont en général soumises à des conditions pour le mode de jouissance, et afin de ne pas préjudicier à l'intérêt public; l'autorité administrative est juge de l'accomplissement de ces conditions... »

C'est parce que l'administration est juge de l'accomplissement de ces conditions qu'il est urgent pour elle de mettre fin à tous les abus.

Ce pouvoir souverain donné à l'adjudicataire produira, et produit déjà, les effets les plus déplorables.

« Nous ne sommes plus les maîtres chez nous, disait mon ami monsieur le maire; je n'ai, pour ainsi dire, plus la police de ma commune et l'adjudicataire répand la terreur dans la population des mamans et des nourrices habituées à vivre tranquillement sur notre plage.

» Non seulement le receveur réclame une redevance pour les parasols, mais il faut payer pour les pliants appartenant aux promeneurs, et le payement est *personnel*... »

— Bientôt l'adjudicataire fera payer ceux qui se contenteront de s'asseoir par terre!

— Pourquoi non?...

Les plaintes du maire étaient donc l'expression de l'exacte vérité et voilà où conduisent les abus.

Qu'est-ce que gagnera l'État avec cette manière d'agir de la part des préfets?

Les familles paisibles abandonneront la place, et les populations qui vivaient de cette occupation passagère seront ruinées.

Je ne pense pas que, si les préfets se lèvent quelquefois de mauvaise humeur, ils portent à ce point la haine contre leurs administrés.

En résumé, pour ne pas abuser plus longtemps de votre patience, cher lecteur, je dirai comme monsieur le Rapporteur de la loi de 1872 :

« Que le Trésor accorde, moyennant redevance, des permissions individuelles pour l'établissement de cabanes destinées au service des bains de mer, sous la condition *expresse* de maintenir le libre accès de la plage et l'exercice des droits qui s'y rattachent. »

Rien de mieux, mais n'allons pas au delà.

Quant à vous, messieurs les Préfets, hâtez-vous d'agir, si vous ne voulez pas tomber sous une arme qui ne pardonne pas en France, le Ridicule.

Fontainebleau. — E. Bourges, imp. breveté.

www.ingramcontent.com/pod-product-compliance
Lightning Source LLC
Chambersburg PA
CBHW070755220326
41520CB00053B/4446